觀音菩薩50問

學佛入門 Q&A

法鼓文化編輯部　編著

〈導讀〉千處祈求千處應

觀音菩薩大慈大悲、有求必應，已成為人們最熟悉的菩薩，不論遇到任何問題，總是最容易先想到他，信仰因而普及流傳。

觀音法門是聖嚴師父一生的信仰、修學乃至弘化度眾的根本法門，在師父的第一本自傳《歸程》中，便描述他在小沙彌時，因禮拜觀音菩薩而開智慧的不可思議感應。

師父開創法鼓山的因緣，即是於西元一九八九年在一次念佛會中，大家誦持〈大悲咒〉的不可思議因緣，而覓得土地。西元二〇〇五年法鼓山落成開山，在三門上懸掛「觀音道場」四字匾額；而三尊觀音：開山觀音、祈願觀音、來迎觀音，也是廣受信眾朝拜禮敬的信仰對象；懸掛於祈願觀音殿內外的三個匾額：入流亡所、大悲心起、觀世自在，更成爲弘揚觀音法門的精神象徵。這些觀音菩薩的境教環境，透過聞聲修行、平等發願、悲智雙運乃至普門濟世，以淨化人心、淨化社會，而達成「提昇人的品質，建設人間淨土」的理念。

師父回溯到原始佛教經典《阿含經》的六念法門，而提出修學觀音法門的四個層次：念觀音、求觀音、學觀音、做觀音。這可以說是兼具學理的觀音法門實修方法。

一般學佛修行有所謂的「聞、思、修、證」，或是「信、解、行、證」四個次第。在師父所著的《觀世音菩薩》、《學觀音．做觀音》、《觀世音菩薩普門品講記》、《聖嚴法師教觀音法門》、《觀音妙智——觀音菩薩耳根圓通法門講要》、《心的經典——心經新釋》等書中，綜合來看，也都具備了這四個次第。

本書《觀音菩薩50問》共分為四大單元：相信觀音聞聲救苦、認識觀音大慈大悲、學習觀音有方法、成為觀音千手千眼。因此，本書以「信」、「解」、「學」與「做」來做為學習觀音法門的次第，是結合實修觀音法門的「念、求、學、做」與一般學佛通途的「信、解、行、證」。於此，從單元結構上看，本書從廣而略，用「相信」、「認識」、「學習」與「成為」來貫串觀音法門，可說是內容規畫安排上的一大特色。

第一單元：相信觀音聞聲救苦

觀音信仰亦遍及於一般的民間信仰之中。本單元強調正信的重要，正信需要佛、法、僧三寶具足，若以為「只要拜觀音即可」，而不信三寶，則容易流於「盲信、迷信」。回想大學時代的課餘，偶會閱讀章回小說。有一天讀到了《妙善公主——觀世音菩薩成道本事》，深受感動，想不到這竟成為我日後進入佛門的奇妙因緣。那時候雖然沒有機會看到師父的《正信的佛教》，但是讀過林世敏老師的《佛教的精神與特色》後，讓我確信佛教就是我的信仰。

第二單元：認識觀音大慈大悲

如同本書所說「觀音蹤跡行遍世界」、「大半個亞洲都信奉觀音」。觀音菩薩除了是華人地區的主要信仰，也遍及韓國、日本整個東北亞佛教地區。日本知名的「西國三十三所」聖地巡禮，就是觀音信仰。觀音信仰在當今世界的三大系佛教，除了在南傳上座部佛教屬於較非正式的信仰，皆非常深入漢傳及藏傳兩大系統佛教地區。

由於觀音信仰普及流傳各地，自然會適應不同的當地文化，而有不同的造像風格，甚至性別也不同。而在經典翻譯上，觀音菩薩也有不同的譯名。例如常被討論的：觀音菩薩到底應該稱爲「觀世音」還是「觀自在」？鳩摩羅什法師所譯的〈普門品〉採用「觀世音」，與玄奘法師所譯的《心經》採用「觀自在」到底有何差別？當代學者的研究指出：

Avalokitasvara 出現於五世紀以前的梵文本：avalokita（observe 觀）+ svara（sound 音），簡潔地翻譯爲「觀音」即可，鳩摩羅什法師譯爲：「觀世音」，再加上「世」字，可能是考慮 loka（world）有世界、世間的意思。

Avalokiteśvara 出現於七世紀以後的梵文本：avalokita（observe 觀）+ īśvara（unimpeded 自在），玄奘法師譯爲：「觀自在」。如同本書第十五問〈觀音菩薩有哪些譯名？〉所說，比玄奘法師稍早的後魏菩提流支法師，則譯爲：「觀世自在」。這也正是法鼓山祈願觀音殿外，第三個匾額所題的字幅。

不論我們如何稱呼觀音菩薩，使用哪一種語言，只要祈請菩薩，他的願力都是無遠弗屆，無不感應。

第三單元：學習觀音有方法

本單元以「念觀音、求觀音、學觀音、做觀音」為根本架構，詳述學習觀音法門的各種方法。修學觀音法門讓我一生受用無窮，能夠平安度過各種考驗，也是仰賴觀音菩薩的願力守護。

記得大學畢業前，和同學們相約在飯店聚會，那時大家不論是求學或就業，幾乎都有了畢業後的人生方向，我卻不知自己下一步該怎麼走，只好在會場外面默念觀音菩薩名號。晚會結束後，搭公車回學校時仍專注持念，結果念到身體及環境都忽然消失了！我在瞬間大哭一聲，同車的同學還安慰我不要哭……。這是我第一次的宗教體驗，之後就決心出家。畢業後便住進農禪寺，直到服兵役前才回家，白天幫忙父母親做農事，晚上則禮拜觀音菩薩，雖然家人強烈反對，最後還是順利出了家，而且家人都皈依了三寶，我相信這是觀音菩薩的庇佑。

在農禪寺剛出家時，經常擔任維那領眾唱大悲懺，記得有一次在臨時書庫內一個人單獨練唱，突然深受感動，而痛哭流涕。在日本留學八年多期間，除了念誦〈普門品〉及《心經》的定課，更時時刻刻念著觀音菩薩名號。我能夠順利取得學位，相信也是菩薩在冥冥之中的護佑所致。

俗家內湖姑媽老菩薩因我出家的因緣，也開始信佛，虔誠修持觀音法門，廣結善緣。她往生前曾多次進出安寧病房，對來探望的人都會殷殷叮囑要吃得飽、穿得暖，但她自己卻無法進食了，護理師都讚歎從未看過如此安定、慈悲的臨終病人。她面對病苦，始終都以一句話度一切苦厄：「菩薩啊！南無大慈大悲救苦救難觀世音菩薩！」由此可知，無論修習任何法門要受用，虔誠懇切、一心用功都是共通原則。

第四單元：成為觀音千手千眼

本單元轉換佛學術語，用現代人的話、同理心的觀點等來說明如何「做觀音」，比如慈悲是「讓別人做他自己」、施無畏是「讓人抱無窮的希望」、學觀音是「用心傾聽對方」等，都是別具創意的闡述。曾任聖嚴師父隨行記者的胡麗桂菩薩，分享她過去筆錄師父與賓客對談的心得說，有時候師父幾乎全場都在傾聽對方的訴說，必要時僅僅說了一、兩句話，而對方往往感到非常地歡喜與受用。

師父曾在捨報前的某一天，勉勵我臉上要多一些笑容，方法是觀想觀音菩薩的慈悲微笑。從此之後，我就帶著觀音菩薩像隨身小卡以及小鏡子，以便隨時可以做比對，提醒自己經常面帶微笑。這樣的作法似乎過於務實，但確實對我幫助很大。

圓滿今年九月二日法鼓山第六任方丈接任大典後，重新觀看當天的紀錄影片，有點不敢相信自己的表現，能在兩、三千位貴賓前，順利完成儀程，眞要感謝三寶及龍天護法。回想當天早上，除了默念觀音菩薩加被之外，一直提醒自己要放鬆、微笑。在「聖嚴法師一〇八自在語」中，「身心常放鬆，逢人面帶笑」一句便成爲我的座右銘。

學佛修行爲了利他，當然要法門無量誓願學——廣學多聞。但要自利，則要一門深入，修學觀音法門要得受用也是如此，需要擇一而長遠地修學。然而，要確認自己是否在修行，只要用一、兩個簡要的原則，比如用放鬆、帶笑等來觀察自己的身心，便能得知答案。這不是很容易用的方法嗎？

觀音法門易修實用，人人都能化身觀音，隨緣助人。祈願大家都能一起「念觀音、求觀音、學觀音、做觀音」！

釋果暉
法鼓山方丈

目次

2 認識觀音大慈大悲

3 學習觀音有方法

4

成為觀音千手千眼

1

相信觀音聞聲救苦

Question

01

觀音菩薩爲何與中國人特別有緣？

從古代到現代，從佛教到民間信仰，如母親般慈愛溫暖的觀音菩薩，一直是人們最親切熟悉的大菩薩。爲什麼觀音信仰會在華人社會廣受歡迎呢？這是因爲觀音菩薩的悲願，和娑婆世界眾生的緣分特別深；另一個原因則是由於〈觀世音菩薩普門品〉（簡稱〈普門品〉）的盛行，讓觀音菩薩的慈悲容顏深植人心。

家家彌陀佛、戶戶觀世音

由於娑婆眾生的苦難特別多，不管是否學佛，人人都有各種苦難，有各種煩惱，因此觀音菩薩「尋聲救苦」的悲願最爲眾生所期盼。聖嚴法師曾說，佛陀在世時，眾生都期待佛陀救苦，但是當佛入滅後，必須要有可以取代救苦的聖者，在佛陀介紹給我們的菩薩當中，觀音就具備這樣的悲願。

在中國有「家家彌陀佛、戶戶觀世音」的俗諺，這不是指十方諸佛菩薩慈悲救度衆生的發願不如彌陀和觀音，而是因爲他們與娑婆衆生的因緣特別深。觀音菩薩曾發願尋聲救苦，救度娑婆衆生，而其他世界的衆生不一定像我們有這麼重的業、這麼迫切期待尋聲救苦的菩薩。因此，只要遇到苦難，人們就會想到觀音菩薩的大慈大悲、救苦救難、廣大靈感。

〈普門品〉普門示現

千百年來，〈普門品〉一直受到中國佛教徒普遍地流通、讀誦和奉行，可說是觀音信仰的根本經典。經中強調，只要一心稱念觀音菩薩名號，人間的災難即應時解除。因此，〈普門品〉也使觀音菩薩在人們心目中塑造了神通感應的形象，慈悲救度衆生所有的問題。

〈普門品〉的經文易讀、易懂，法門簡單易修。內容主要讚歎觀音菩薩果

（江思賢　攝）

德，當觀音菩薩證得耳根圓通後，爲了廣度衆生，用心耳傾聽一切衆生的聲音，而普門示現，以種種方便法，時時聞聲救苦，護念救度無量衆生。

相傳在五胡十六國時代，北涼國主沮渠蒙遜生了一場大病，正當群醫束手，百藥罔效之際，一位來自印度的曇無讖法師，勸他至誠讀誦〈普門品〉，即可消障除病，使身體恢復健康。沮渠蒙遜就遵照指示去做，那場怪病眞的就不藥而癒了。從此，不但沮渠蒙遜教令國人讀誦〈普門品〉，很多人也受到影響而自動地讀誦，使得〈普門品〉成爲與我國最有緣的觀音經典。

古往今來，觀音菩薩聞聲救苦，對衆生的苦難有求必應，即時行動、隨時幫助衆生的悲心，使得他成爲最受衆生歡迎的菩薩。

Question
02

佛教的觀音信仰與民間信仰有何不同？

觀音菩薩的種種感應故事，乍聽之下匪夷所思，難以置信，尤其是千處祈求千處應的廣大靈感，容易讓人誤以爲佛教的觀音信仰與一般民間信仰無異，只要持誦佛號，就可以得到觀音菩薩的慈悲救拔，應有的業報苦受，便能應時解除，而「只要相信，就能得救」的概念，與西方基督教的信念似乎也可相通。

對佛法生起信心

聖嚴法師在《聖嚴法師教觀音法門》一書中特別提醒，念觀音、求觀音的著眼點不在追求感應，依賴他力，而是透過感應對佛法生起信心，相信菩薩的救拔力量，便能逐步接觸正信的佛法，深入佛法精義，繼而用功修行，相信自己也能學習菩薩、效法菩薩精神，成爲觀音菩薩的化身，廣濟有情。

（鄧博仁　攝）

學菩薩行、修菩薩道

因此，雖然佛教鼓勵大眾在困頓無助、焦慮煩躁的情況下，可以念觀音、求觀音來獲得內在的平和與安心；但是，念觀音、拜觀音不是要我們只追求自身的平安健康、事業有成，其根本目的是要向這位「無緣大慈，同體大悲」的菩薩學習，開發一己的智慧，發揮一己的慈悲精神。學菩薩行、修菩薩道來幫助眾生離苦得樂，成就菩提，這也才是觀音靈感、普門示現的要義。

Question 03

觀音信仰的起源爲何？

觀音信仰的源頭起自印度，根據印度婆羅門教的經典《梨俱吠陀》記載，觀音是一對可愛的孿生小馬駒，呈現雙馬童神的善神形象，象徵慈悲與良善，有無比神力，能使瞎子看見，殘疾康復，使不孕者生。

馬頭觀音

在釋尊時代，吸納善神爲馬頭觀音，也使得許多婆羅門徒改信佛教，更影響了後來的密教觀音造像，馬頭觀音轉變成馬頭明王，成爲密宗胎藏界觀音院其中一尊，也爲六觀音之一。

觀音的身分也隨著弘傳愈廣，而有不同的轉變，《悲華經》敘述阿彌陀佛於過去生曾爲轉輪王無諍念，他有一千個兒子，長子名不眴，爲寶藏佛授記爲「觀世音」。在阿彌陀佛涅槃後，他將候補成佛，號「遍出一切光明功德山王如來」。於是，觀世音菩薩從太子變成父王阿彌陀佛的左脇侍，而其弟大勢至菩薩則成爲父王的右脇侍。

觀音蹤跡行遍世界

觀音菩薩有求必應的威神力，巍巍如是，因此當觀音信仰弘傳到亞洲各地，與當地文化融合程度不僅跨越了地域、種族、宗教、性別等，從王公貴族到市井小民，都信服在聞聲救苦宏願與無數化身救度的保護罩下，並與當地文化激盪出不同的觀音信仰樣貌。除了大半個亞洲都信奉觀音，幾乎只要有華人的地方、只要是佛教的國度，甚至遠在歐美，都可見觀音的蹤跡。無論觀音菩薩如何「變身」，不變的是觀音的慈悲，以及對世人的守護。

（王育發　攝）

Question

04

觀音信仰如何在中國流傳？

觀音信仰在東漢傳入了中國即受到注目，也與中國文化深深融合，無論是信仰生活、常民文化等各方面，都留下了明顯深刻的影響軌跡。關於觀音信仰在中國歷史的發展軌跡，于君方教授於《觀音——菩薩中國化的演變》一書，提供詳盡完整的研究資料。

隨經典流傳普及

透過譯經、講經、鈔經、刻經、效法、靈驗、造像等等，觀音信仰普及於社會各個階層。曹魏康僧鎧法師在洛陽展開譯經工作，他是最早於《無量壽經》使用「觀世音」聖號的譯經家。到了西晉竺法護法師譯《正法華經．光世音普門品》，加上同時期諸多譯傳，觀音以「光世音」之名，開始廣泛流傳於中國。

後秦鳩摩羅什法師在長安大寺集二千餘僧人，譯出《妙法蓮華經》，其中的〈觀世音菩薩普門品〉獨立而出流通，名爲《觀世音經》，讓觀音信仰掀起一波高峰。此時期關於觀音的經典譯介衆多，有《觀無量壽佛經》、《無量壽經》、《阿彌陀鼓音聲王陀羅尼經》、《觀世音菩薩授記經》、《悲華經》、《佛說法集經》、《華嚴經・入法界品》等。

《華嚴經》的〈入法界品〉，由聖堅法師單獨譯出流通，名爲《羅摩伽經》，主要內容爲善財童子的五十三參，第二十七參即爲觀音菩薩。經中出現補怛洛迦，使得觀音信仰出現觀音道場信仰，以及觀音救度衆生的各種巧妙方法。

觀音成為家喻戶曉的菩薩

觀音信仰在唐代達到高峰，尤其是密教系統的觀音經典全新輸入，而且數量相當可觀，如《千手千眼觀世音菩薩廣大圓滿無礙大悲心陀羅尼經》（簡稱《大悲心陀羅尼經》）、《十一面神咒心經》、《七俱胝佛母所說准提陀羅尼經》、《佛說觀自在菩薩如意心陀羅尼經》、《不空羂索神變眞言經》等。但是將觀音信仰推向高峰的關鍵，是唐代的玄奘法師，他不但翻譯《般若波羅蜜多心經》（簡稱《心經》），而且親身經歷觀音菩薩的靈驗，使得觀音成爲家喻戶曉的菩薩。

宋代以後更因妙善公主的傳說，使觀音菩薩從威猛丈夫，轉化爲散發母親慈悲光輝的女性，不僅儒家、道教供奉觀音菩薩，稱爲觀音大士、慈航大士，民間信仰也將觀音菩薩當成家庭的守護神，相信觀音所求皆應，可讓人趨吉避凶，並可求子求財。

隨大量觀音菩薩應驗故事的流通和彙集，以及有關觀音菩薩的藝術作品的湧現，更使得觀音信仰歷久不衰。到了近代，無論各派大師，例如虛雲、倓虛、印光、太虛、印順、聖嚴法師等，皆非常推崇觀音信仰，使得觀音事蹟普傳十方。

（王育發　攝）

Question 05

觀音菩薩如何聞聲救苦？

佛陀在〈普門品〉中介紹觀音菩薩最大的特質——聞聲救苦，任何地方一切有情眾生的種種聲音，不論苦的、樂的、悲的、喜的，他都能在同一時間內剎那聽聞，只要念觀音菩薩名號，他都能爲人消除苦惱，給予安樂。

觀世音菩薩從初發心開始，就追隨「觀世音古佛」修行，觀世音古佛教他耳根圓通法門，法門修行圓成，也就名爲「觀世音菩薩」。

觀世音菩薩之所以得名觀世音，也是由聽聞眾生稱名的音聲而尋聲救苦得來。而眾生「聞是觀世音菩薩，一心稱名」。「聞」字的意思，因眾生聽聞觀世音聖號而稱揚；觀世音也聽聞眾生求救的音聲，聞眾生稱名而救濟。眾生聞觀音，觀音聞眾生，如此互聞，才能相應相感。

Question 06

觀音菩薩能救哪些苦難？

觀音菩薩救苦救難，願力廣大無邊。

七難脫險

〈普門品〉在「觀聲救濟」項目，便一共舉出了七種災難——火難、水難、風難、刀杖難、惡鬼難、幽繫難、險路難，此即〈普門品〉著名的「七難」。「七難」說的是身體遭遇的災難，經中又說人們心裡的貪、瞋、癡三毒，只要念觀音菩薩就能脫險解毒。聖嚴法師說：「七種苦難只是代表，其實觀世音菩薩是有求必應，所有的苦難都會救濟。」

（釋常鐸　攝）

眞正的苦難

然而，生活上或物質上的苦難，並不是眞正的苦難。所謂苦難中的苦難，從佛法的觀點來看，是不知道佛法，而心經常是在煩惱之中兜圈子。因爲有煩惱，所以有生死。如果更深一層地理解觀音菩薩所謂救苦救難的精神，是在生死大海之中，解救生死的苦難，這才是眞正的苦難、根本的苦難。

而觀音菩薩的慈悲是如何達成救苦救難的目的？就是弘揚正法，當我們聽聞佛法、運用正法，使自己的生死煩惱愈淺，終能究竟脫離苦難，就是得到最好的救濟方法。

Question 07

觀音菩薩用什麼方式救度眾生？

遊化十方世界的觀音菩薩，具足各種神通力和方便法門，〈普門品〉偈頌指出，觀音菩薩具足「五觀」與「五音」的德用，都是用來度化各類眾生的法寶。

觀音菩薩的五觀

所謂的五觀，是指：「眞觀清淨觀，廣大智慧觀，悲觀及慈觀。」

宋代戒環法師在《妙法蓮華經要解》中解釋，觀音菩薩所以能「觀音脫苦，能施無畏，現形度生」，都是因爲「五觀」的修行力用。其中，「眞觀」用來止息妄念，「清淨觀」對治染著，「廣大智慧觀」用來破除疑惑，「悲觀」拔除眾生痛苦，「慈觀」給予眾生安樂。

（廖順得　攝）

觀音菩薩的五音

與五觀相應的「五音」是：「妙音觀世音，梵音海潮音，勝彼世間音。」窺基法師在《妙法蓮華經玄贊》說到「五音」的功用：「妙音與樂，觀音拔苦，梵音深淨，潮音應時，勝音出世。」五音合爲觀音菩薩的說法音清淨，使得眾生一聽，心就自然清淨離欲，而且菩薩說法即時，從不失卻眾生得度的時機，眾生應以何身、何法得度，觀音菩薩就爲眾生說什麼法，猶如海潮所到之處，眾生都受到滋潤，因此所度眾生無量。

Question

08

可以只拜觀音菩薩不拜佛嗎？

很多人都是因著觀音菩薩，而親近佛教。但是如果學佛不拜佛，只信觀音不信佛，如何成爲佛教徒呢？

信仰佛教一定要皈依三寶

信仰佛教，必須佛、法、僧三寶具足，皈依三寶，是進入佛門的基礎。如果只拜觀音菩薩，卻不拜其他佛菩薩、不禮敬僧寶，不以佛法爲修行指南，很容易變成偶像崇拜，或是迷信感應。如果我們沒有學習正信的佛法，誤以爲只要拜觀音即可，那是盲信、迷信。

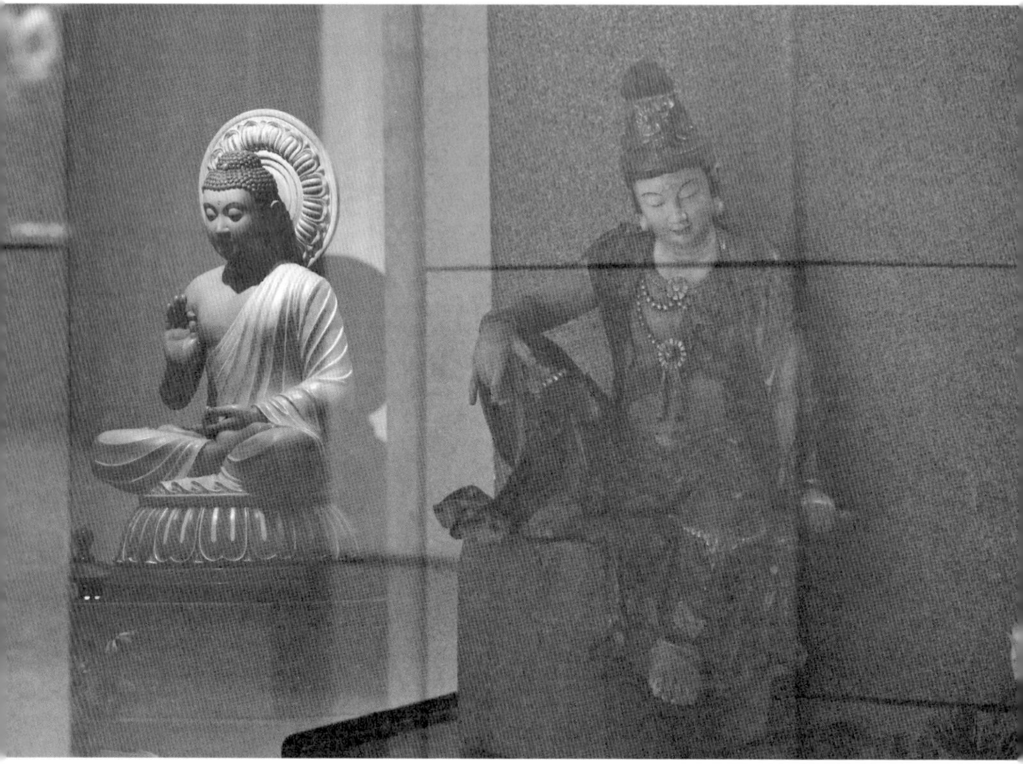

（梁忠楠　攝）

以佛菩薩為典範

有的人以爲只要日日禮拜觀音，生活好善樂施，祈求靈驗，即是在修行。其實修行是要以佛菩薩爲典範，學習用佛法來改變我們的身、口、意行爲。因此，不應將觀音菩薩當成守護神看待，只祈求菩薩能讓自己萬事如意，應學習菩薩如何成爲菩薩的方法，來自安安人、自利利他，那才是眞正可貴的珍寶。

只要祈求觀音菩薩，一定有求必應嗎？

觀音菩薩「千處祈求千處應，苦海常作度人舟」，是與世人最有感應的菩薩。衆生只要誠心祈求，觀音必定循聲尋至。

度一切有情、滿一切願

《觀音感應記》中的主角含括各個階層、各種情況，廣及販夫走卒、老弱婦孺、文武百官、王公貴族、得道高僧等等，而觀音感應的事蹟，則有痼疾痊癒、猛獸不能傷、大水不能沒、啞者復音、盲者復明、求財得財、求子得子等等。〈普門品〉也說觀音有三十三種化身；〈觀音讚〉則說：「三十二應遍塵剎，百千萬劫化閻浮。」這些全都是觀音菩薩的慈悲示現，猶如母親對小孩的關愛，不受時空限制，爲度一切有情、滿一切願。

觀音菩薩如此慈悲，與他所發的願有關，因為他希望「觀音妙智力，能救世間苦」。因此，人們遇到災難時，總是會求救於觀音菩薩，而菩薩也慈悲感應、援助。正因為觀音菩薩聞聲救苦、大慈大悲、有求必應，不僅觀音信仰廣為流傳，感應事蹟也膾炙人口，這些感應故事顯現出人們對觀音菩薩的虔誠堅信。

念念觀世音，處處觀自在

如果能以自己的信仰和願力向觀音菩薩學習，便能與菩薩的願力相應，自然有所感應。雖然臨時遇難才求救，觀音菩薩也會相救，但是平時不持念觀音聖號，臨難時可能心慌意亂，忘記可以求助觀音菩薩。因此，即使觀音菩薩有求必應，但是人不求他，他也無法相應，因為感應必須由虔誠的信仰產生。

要求觀音感應，不能只是臨時救急，日常的生活實踐更為重要，能夠念念觀世音，自然處處觀自在。如果能從我們個人的修養做起，深信因果業報，改過遷善，然後學習菩薩的慈悲精神，觀音菩薩將無處不現身。我們自己也可以成為「有求必應」的現代觀音化身，為世界廣開大悲法門。

Question 10

向觀音菩薩求子真的特別靈嗎？

〈普門品〉介紹觀音菩薩不但救七難、濟三毒，也應天下父母求子求女的心願。經中提到，若有母親欲生福德智慧之男、端正有相之女，禮拜供養觀音菩薩，就可滿足生子的願求，而且是求男得男，求女得女。因此，歷來便有觀音送子的傳說，在示現的觀音菩薩中，也有「送子觀音」。滿足世人生兒育女、傳宗接代的願望，也是觀音信仰具有親和力的原因之一。

將胎兒視為小菩薩

佛教徒非常重視下一代的教育，而教育是從胎教做起。胎教不只是對於胎兒的教育，也包括父親與母親，如同聖嚴法師所說：「受孕懷胎期間的夫婦雙方，都要負起胎教的責任，經常以歡喜心相處、以關懷心相待、以希望心過生活、以

（梁忠楠　攝）

慈悲心看世界、以智慧心消煩惱。」

因此，要以迎接菩薩的心態來歡迎孩子的出生，把他們當成是來成就自己修行的人，和他們一起成長。聖嚴法師便常勉勵懷孕的信衆，要持念觀音菩薩聖號，因爲持念聖號能常生歡喜心，法喜充滿。要將胎兒視爲小菩薩，提醒自己不要動情緒，不要起貪、瞋、癡煩惱，如果生氣，就是對不起小菩薩。

最好的胎教

懷孕時持誦〈普門品〉和觀音菩薩聖號，確實能影響孩子的心性、品性，因爲母親的恆常繫念觀音菩薩，心心念念常與菩薩的莊嚴相、慈悲相應，自然成爲最好的胎教。

Question
11

如何與觀音菩薩相應？

〈普門品〉強調，人們只要對觀音菩薩有信心，不分好人或壞人，一心持誦他的名號，觀音菩薩立即聞聲，救苦拔難、消災解厄、有求必應。經文偈頌中，佛陀也鼓勵眾生對觀音菩薩的名號與德用，應「常願常瞻仰」、「是故須常念」、「念念勿生疑」。

奉行佛法，信仰真誠

印順法師在〈觀世音菩薩的讚仰〉中解釋，仰慕觀音菩薩慈悲救世的精神，奉行佛法，誠懇確切地實行，當然會得到菩薩的救護。在人生的旅程上，若遇到了無法解決的困難，如果不是不可轉的定業，在不違背因果的前提下，憑著信仰的真誠，自然能獲得觀音菩薩不可思議的感應。

（江思賢　攝）

清淨身、口、意三業

修學觀音法門，可以先從口念觀音菩薩開始，身拜觀音菩薩，並心想觀音菩薩的慈悲。如此由身、口、意三業恭敬、禮拜觀音菩薩，稱揚繫念菩薩聖號，心裡學習嚮往菩薩的本懷，自然也具足如觀音的慈悲與智慧心性品德，而與觀音菩薩感應道交。

Question

12

學佛應該無所求，高僧大德也求觀音嗎？

一般人求觀音是因爲生活所迫，而不得不求，出家人無牽無掛，也需要求觀音嗎？

為續佛慧命而求

歷來祖師大德求觀音有感的故事中，最爲人所熟知的當屬唐朝的玄奘法師。玄奘法師少年出家，遍學佛教經論，但各宗派自成一說，讓人無所適從，便想前往印度考究原典，以釋眾疑。

玄奘法師西行求法經歷多次危難，都是靠著對觀音菩薩的信心化解，例如有次五天四夜未進滴水，只能倒臥在沙地待死，於是默誦觀音菩薩聖號祝禱：「玄奘此行不求財利，無冀名譽，但為無上正法來耳。仰惟菩薩慈念群生，以救苦為務，此為苦矣，寧不知耶？」結果有驚無險得以活命。生命垂危時刻，玄奘法師將身心完全交付給觀音菩薩，看似為求自己得離苦，但他心心念念的是續佛慧命，求觀音並無個人的利害得失，僅有求法度眾生的願力與慈悲。

看見眾生的需要

而歷史上也有一些祖師大德，除了自身感應救濟之外，更將拜觀音、求觀音的信念融入懺本，彰顯觀音救度眾生的廣大威德，例如大力提倡禮懺行儀的天台宗大師遵式知白。

遵式法師的母親曾向觀音祈求子嗣，結果夢見一女子授與明珠吞服，便如願生子。這段「觀音送子」的故事，埋下日後遵式法師種種的觀音感應與懺儀化世的因緣。遵式法師曾因浙江四明一帶發生大旱，修「請觀音三昧」為民祈福，發願若三日內不降雨，將燃一臂供佛，結果天降甘霖化解災難。遵式法師發願燃臂供佛解除旱災，不僅展現對佛法堅定的信念，同時也是出於利益眾生的悲願。遵式法師制定《請觀世音菩薩消伏毒害陀羅尼三昧儀》，是爲了將求觀音、拜觀音的眞義涵攝於懺法中，讓人可以發起與觀音慈悲相應的菩提心。

聖嚴法師與觀音菩薩，亦有深刻因緣。他在小沙彌時期學不會課誦，師父便教他禮拜觀音菩薩。他每天持續不懈至少五百拜，結果豁然開啓智慧。儘管往後人生的障礙重重，也都能在觀音菩薩的慈悲拔濟下撥雲見日。觀音菩薩普門悲濟，聖嚴法師一路走來，無論是赴日留學、到美國弘法、創辦中華佛研所、開創法鼓山種種，看似不停地「求」，然而法師「沒有自己非做不可的事」，這一切都是「爲了提昇漢傳佛教的地位而求，爲了培育中國佛教的人才而求，爲了扭轉佛教被誤解爲迷信、落後而求」。

（陳漢傑　攝）

如聖嚴法師從小沙彌拜觀音，祈求觀音菩薩的加持，到看見衆生的需要，隨時隨地地回應，沒有執著與自我中心，此即是觀音菩薩大悲精神的映現。因此，高僧大德都是爲續佛慧命、爲救度衆生，而祈求觀音菩薩。

Question

13

求觀音如何從有所求到無所求？

一般人拜觀音、念觀音，總是有所求的，希望得到感應回饋。在學時期，求智慧、求功名；投入職場後，求富貴、求權勢；成家階段還想求美眷、求子息；年紀大了，又祈求多福多壽，即便是佛教徒也想求解脫、求自在、求成佛。

不為己求

聖嚴法師認爲，可以爲家人、親友、社會、世界、衆生求，但是學佛以後應不爲己求。法師在《法鼓山的方向》中，特別從修行觀念上提醒：「學佛的人，不爲己求，不求速效，不顯己功，不爲己勝。」因爲如果放不下自私心、追求心，自然也無法提起利益衆生的菩提心了。

當然，要人立即消融自我，從「有所求」轉化爲「無所求」的菩薩道並不容易；但是，聖嚴法師仍鼓勵大衆，人人都可以成爲觀音菩薩：「即使僅是持念一句『南無觀世音菩薩』，也是無上法門。」

觀音菩薩的化身

如能從修習觀音法門起修、契入，念觀音的當下便能安定身心，而透過修行，滌淨自己的身、口、意，並逐步影響身邊的人，這不僅是將觀音菩薩悲智的力量弘揚出去，從某一方面來說，自己也代表了觀音菩薩。以此發心修持，念念熏習，以觀音法門來助人，以平等的慈悲心來對待每個人，這便是實踐觀音菩薩的精神，也就是觀音菩薩的化身了。

（李東陽　攝）

2

認識觀音大慈大悲

Question

14

觀世音菩薩爲何名爲「觀世音」？

由於觀世音菩薩修行耳根圓通法門，能聽到一切衆生的聲音，並因應脫離苦難的祈求，以種種方便，時時處處度衆生，所以德號稱爲「觀世音」。

觀其音聲，皆得解脫

如無盡意菩薩於〈觀世音菩薩普門品〉一開始，便代大衆提問：「觀世音菩薩爲什麼叫作觀世音？」佛陀回答：「若有無量百千萬億衆生，受諸苦惱，聞是觀世音菩薩，一心稱名。觀世音菩薩，即時觀其音聲，皆得解脫。」

印度梵文佛典的觀世音稱爲Avalokiteśvara，經典傳至漢地後，曾被不同的譯經師譯成不同的名號，如「觀音」、「觀世音」、「光世音」、「觀世自在」、「現

（李東陽　攝）

音聲」、「觀自在」等。由於鳩摩羅什法師所譯的〈普門品〉在漢地極爲盛行，所以多以「觀世音」尊稱這位大菩薩。

依行願立名

隋代吉藏法師在《法華義疏》指出，觀世音菩薩的名號，包含「觀世音」、「觀世意」、「觀世身」三種涵義，但是鳩摩羅什法師爲何只譯爲「觀世音」呢？這是因爲口稱觀世音名號時，身業、意業皆清淨，而且稱念菩薩名的修行方式，不但有助自己修行，也能教化他人；加上觀世音菩薩過去以來的行願，無論世間衆生遭遇何種災難，若能一心稱念其名號，觀世音菩薩即時尋聲前往救脫，所以是依他的行願立名。

Question

15

觀音菩薩有哪些譯名？

根據譯經的先後順序，梵文 Avalokiteśvara 曾被不同的譯經師翻成不同的名號。玄奘法師曾指出鳩摩羅什法師等人舊譯「觀世音」是訛謬的，並新譯為「觀自在」，難道鳩摩羅什法師真的翻錯了嗎？事實並非如此，觀世音、觀自在皆是正確的譯名。經過日本學者後藤大用的考察推論，所用譯名不同，應與採用不同地域的典籍有關。鳩摩羅什法師和其他中亞僧人翻譯的典籍，是從龜茲傳入漢地，使用 Avalokitasvara（觀音）一詞，而 Avalokiteśvara（觀自在）則見於源自印度本土的佛典，如玄奘法師遠從印度取經回來所翻譯的經典。不過，流傳至今，仍以「觀音」和「觀世音」的譯名，最為大眾所熟悉。

觀音菩薩的多種譯名，包括：

1. **觀音**：西元一八五年，後漢支曜法師譯《成具光明定意經》，為最早譯出

（梁忠楠　攝）

「觀音」。

2.闚音：西元二二三－二五三年，三國東吳支謙居士譯《維摩詰經》，爲最早譯出「闚音」。

3.觀世音：西元二五二年，三國曹魏康僧鎧法師譯《無量壽經》、《郁伽長者所問經》，爲最早譯出「觀世音」。

4.光世音：西元二八六年，西晉竺法護法師譯《正法華經》十卷本，爲最早譯出「光世音」。

5.現音聲：西元二九一年，西晉無羅叉法師譯《放光般若經》，爲最早譯出「現音聲」。

6.觀世自在：西元五〇八年，後魏菩提流支法師譯《法華經論》，爲最早譯出「觀世自在」。

7.觀自在：西元六六三年，唐代玄奘法師譯《般若波羅蜜多心經》，爲最早譯出「觀自在」。

Question
16
觀音菩薩名號知多少？

觀音菩薩依修行功德，有種種的名號流傳於世：

1. 正法明如來：觀音菩薩為過去佛的法號，見於《大悲心陀羅尼經》。
2. 遍出一切光明功德山王：《悲華經》中提到觀音菩薩未來成佛的名號。
3. 普光功德山王如來：《觀世音菩薩授記經》中觀音菩薩未來成佛的名號。
4. 大悲聖者：見於《觀世音菩薩授記經》，顯示觀音菩薩慈悲救度衆生。
5. 施無畏者：見於〈普門品〉、《楞嚴經》，象徵觀音菩薩具有救脫免難的威神功德。
6. 圓通大士：《楞嚴經》記載觀音菩薩證得耳根圓通而得名。
7. 千光眼、撚索：見於《大悲心陀羅尼經》。
8. 大悲大慈主：出現於觀音儀軌。
9. 南海大士：中國佛教徒以觀音菩薩居住南海普陀山，故稱之。

10. 慈航大士：觀音菩薩能救海上危難，苦海常作度人舟，故稱之。

11. 蓮華手：觀音菩薩最早在印度爲蓮華手觀音，造像手持蓮華，著王族裝束，面容慈藹，與金剛手菩薩同爲佛陀脇侍。

12. 普門：觀音菩薩依圓通妙力，能示現種種形像救度衆生，故稱之。

Question

17 觀音菩薩共有多少種應化身？

所謂的應化身，即是佛菩薩的千百億化身，意指能隨類應化，衆生需要以什麼身來度化，佛菩薩便現什麼身來度化。例如釋迦牟尼佛有千百億化身，可化爲千百億個釋迦佛身，而觀音菩薩則是古佛所現，所以也能現種種身，以普度衆生。

關於觀音菩薩的應化身種類，有說是三十二種，也有說是三十三種，主要是所根據的經典出處不同。

《楞嚴經》的三十二應

在《楞嚴經》中，觀音菩薩以三十二種應化身遍遊十方，普度衆生，稱爲「妙淨」三十二應。觀音菩薩視衆生性格所需，直接以此根性身分做度化，引入成佛之道。三十二應化身包括：

1.應聖乘：佛、獨覺、緣覺、聲聞。

2.應諸天：梵王、帝釋、自在天、大自在天、天大將軍、四天王、四天太子。

3.應人趣：人王、長者、居士、宰官、婆羅門、比丘、比丘尼、優婆塞、優婆夷、女主、童男、童女。

4.應八部：天、龍、藥叉、乾闥婆、阿修羅、緊那羅、摩呼羅伽等非人。

〈普門品〉的三十三身

除此之外，〈普門品〉也有觀音菩薩隨緣變現的三十三身，但「三十三」是指多數，觀音菩薩的化現，實則不只有三十三身。三十三身可分爲八類：

1.聖身（三身）：佛、辟支佛、聲聞。

2.天身（六身）：梵王、帝釋、自在天、大自在天、天大將軍、毘沙門。

3.人身（五身）：小王、長者、居士、宰官、婆羅門。

4.四衆身（四身）：比丘、比丘尼、優婆塞、優婆夷。

5.婦女身（四身）：長者、居士、宰官、婆羅門婦女。

6.童男女身（二身）：童男、童女。

7.八部身（八身）：天、龍、夜叉、乾闥婆、阿修羅、迦樓羅、緊那羅、摩睺羅伽。

8.金剛身（一身）：執金剛神。

Question

18

爲何有三十三觀音？

由於〈普門品〉的普爲流傳和諸多感應故事的影響，觀音菩薩示現跡象便成爲造像匠師的創作題材，這些觀音像共綜合爲三十三種，所以稱爲三十三觀音。

三十三觀音據《佛像圖彙》所載，包括：1.楊柳觀音。2.龍頭觀音。3.持經觀音。4.圓光觀音。5.遊戲觀音。6.白衣觀音。7.蓮臥觀音。8.瀧見觀音。9.施藥觀音。10.魚籃觀音。11.德王觀音。12.水月觀音。13.一葉觀音。14.青頸觀音。15.威德觀音。16.延命觀音。17.衆寶觀音。18.岩戶觀音。19.能靜觀音。20.阿耨觀音。21.阿摩提觀音。22.葉衣觀音。23.琉璃觀音。24.多羅尊觀音。25.蛤蜊觀音。26.六時觀音。27.普悲觀音。28.馬郎婦觀音。29.合掌觀音。30.一如觀音。31.不二觀音。32.持蓮觀音。33.灑水觀音。

Question 19

觀音菩薩為何有千手千眼？

在《大悲心陀羅尼經》中，觀音菩薩提到他從千光王靜住如來學到〈廣大圓滿無礙大悲心陀羅尼〉（即〈大悲咒〉），那時他剛證到初地，一聽聞〈大悲咒〉，立刻超越至第八地。觀音菩薩心生歡喜，當下發下誓願：「若我當來，堪能利益、安樂一切眾生者，令我即時，身生千手、千眼具足。」

觀音菩薩發了誓願後，「應時身上，千手千眼，悉皆具足；十方大地，六種震動；十方千佛，悉放光明」。千眼，象徵著智慧廣大的覺觀、凝照與理解；千手，則象徵著慈悲的行動、普濟與救贖。觀音菩薩的千手拿著各式各樣的器物，不只有法器、文物，還有武器等，代表著眾生需要用什麼樣的方法離開煩惱、罪惡，觀音菩薩就用什麼樣的方法來救度。

（李東陽　攝）

Question

20

觀音菩薩爲何稱施無畏者？

布施有財施、法施和無畏施。一般眾生可以做到財施、法施，而觀音菩薩不但可以給財施、法施，還可以做無畏施，這不但要有慈悲，還要有智慧。菩薩以其慈悲、智慧、功德、神通力，才有辦法給予眾生如此大的力量。

消除恐懼，成為依靠

如〈普門品〉所說：「是觀世音菩薩摩訶薩，於怖畏急難之中，能施無畏，是故此娑婆世界，皆號之爲施無畏者。」因此，觀音菩薩被稱爲施無畏者。當人恐懼害怕時，念觀音菩薩聖號可以消除恐懼，菩薩會施予眾生沒有恐懼的心，不再怖畏。《華嚴經》也提及，觀音菩薩告訴善財童子，若眾生在恐懼時候稱念觀音菩薩名號，他就即時現在其人眼前做爲依靠，讓眾生「爲作最勝歸依處」。

十四無畏功德

觀音菩薩證得圓通妙力，能下合眾生，以同體大悲心，與眾生交相感應，同一悲仰。當眾生在苦惱厄難中，一心稱念觀音聖號，即能蒙救，脫苦無畏。

觀音菩薩的十四種施無畏力，包括：

1.八難無畏：苦惱難、大火難、大水難、羅剎難、刀兵難、諸鬼難、枷鎖難、劫賊難。

2.三毒無畏：貪欲毒、瞋恚毒、癡暗毒。

3.二求無畏：求男及求女。

4.持名無畏：持觀音菩薩聖號，與持眾多法王子之名號福德無異。

觀音菩薩的十四種無畏力量，能令眾生獲得無畏的加持，並具備福德因緣。

（釋常鐸　攝）

Question

21

妙善公主是觀音菩薩嗎？

妙善公主是中國人普遍認爲觀音菩薩主要的化身之一，然而在普遍認知的觀音三十三化身中，並未包含妙善，《觀音——菩薩中國化的演變》一書作者于君方教授認爲，這是不折不扣中國本土化的創造。

孝道與佛道

妙善是妙莊王的第三個女兒，自幼好佛，白天讀經、夜間習禪，不願婚嫁。妙莊王對妙善拒婚大發雷霆，施以各種嚴厲懲罰，希望澆息她求道之心。由於妙善道心堅定，妙莊王一怒之下燒毀白雀寺，以不孝罪名處決她。結果山神守護她的屍身，她的神識則遊歷地府講道說法，救度地獄衆生。其後妙善回到陽間，前往香山修行九年，開悟成道。

由於妙莊王怪疾纏身，無藥可醫，於是妙善喬裝爲托缽僧告訴垂危的父王，世間只有一種藥能救他：找一個從未發怒的人，以他的雙手、雙眼調製成藥。妙莊王不知道這樣一個人，就是妙善。當妙莊王服藥大癒，帶著皇族浩浩蕩蕩前往香山朝聖，感謝救命恩人，才發現失去雙手、雙眼的苦行僧是他的女兒，因而深感懺悔，與所有皇族皆皈依佛教。此時妙善現其眞形，即千手千眼觀音。而現此神蹟後，妙善即辭世，她的舍利則奉安於特別爲她建造的佛塔中。

捨身義理理想化

故事中最精彩的部分，莫過於妙善自願犧牲雙眼、雙手，以救治罹患怪病的父親。這種捨身的崇高精神，是深受中國孝道觀念的影響，透過特殊的孝道表現，而將佛教「捨身」的義理理想化。

在故事裡，妙善公主展現中國最顯著的「人性」特質，這樣的轉變，無疑是告訴大家，只要我們能發揮「奉獻」的精神，捨己助人、行菩薩道，每個人都可以是妙善公主，都是觀音菩薩的化身。

Question

22

觀音菩薩爲何常現婦女身？

在〈普門品〉中，觀音菩薩隨緣變化不同化身，其中有聖身、天身、人身、四衆身、婦女身、童男女身、八部身、金剛身等三十三身，都是爲了適應不同衆生的根性，隨衆生所求而示現，所以顯現不同的身分，方便遊化救濟。

女衆苦難多

觀音菩薩在人間多現女身，自有其道理。演培法師在《觀世音菩薩普門品講記》中，推究出二項原因：一、觀音菩薩專以多苦的衆生爲救濟對象，自古以來，女衆的痛苦確實比男衆多；二、女衆的痛苦雖然比男衆多，但內心的柔和慈愛，卻又勝過男子。

（張繼高　攝）

慈悲大愛

演培法師認爲，觀音菩薩以救衆生苦爲目的，當然要先救度苦痛多的女子，於是示現女身，期能逐漸引導她們修學佛道，解除痛苦，終至獲得身心解脫。而觀音菩薩示現女身教化衆生，更是藉由如母親對子女的慈愛，表達菩薩對衆生的慈悲大愛。

Question 23

觀音菩薩身旁爲何有善財童子與龍女？

民間的南海觀音造像裡，常可見到善財童子與龍女隨侍在旁。雖然這樣的畫面出自寶卷與傳說，但已是深植許多人心的南海普陀山觀音道場樣貌。

佛教修行的榜樣

《華嚴經》記載善財童子五十三參的故事，他生於富貴長者家，因出生時，有種種珍寶自然湧出，由得此名。但是善財童子求法心切，在文殊菩薩的指導下，他參訪了五十三位善知識，其中也曾向觀音菩薩請法。

《法華經》中有龍女成佛的故事，她是娑竭羅龍王的女兒，非常聰慧，八歲時以寶珠獻佛，以此功德願力，忽轉女成男，剎那間住於南方無垢世界，示現成佛，廣爲人天說法。

觀音信仰的普及影響

照理來說，善財童子與龍女出自不同佛教經典，沒有齊聚在觀音菩薩旁的因緣，明代萬曆年間出版的《南海觀音全傳》，卻將他們寫入故事裡，善財不但成爲觀音菩薩的徒弟，還在青獅、白象作亂時，與龍女一起率領天兵天將作戰。隨著寶卷的宗教說唱文學的蓬勃發展，甚至還創作出《善財龍女寶卷》的新故事，而從這一類作品創作也可以看出觀音信仰的普及。

Question

24

媽祖是觀音菩薩嗎？

媽祖和觀音菩薩同爲廣大的信衆所敬重，救苦救難、慈航普度。很多人將媽祖視爲觀音菩薩來膜拜，但是媽祖其實也是佛教徒，並虔誠信仰觀音菩薩。

媽祖與觀音菩薩因緣深厚

媽祖在歷史上確有其人，本名林默，小名默娘，福建莆田湄州人，生於宋建隆元年（西元九六〇年）農曆三月二十三日，從小茹素，信仰佛教，與觀音菩薩因緣深厚，傳說她的母親是因夢見觀音菩薩賜藥而懷下她。她能預知禍福，有治病能力，常乘船渡海解救漁民，而被村民稱爲神女、龍女。後來於一次救難中，不幸身亡，村人便爲她修建祠堂祭拜。

助人度過人生苦海

媽祖被尊稱天后、天上聖母，媽祖信仰也深深影響中國沿海與東亞海洋文化。〈普門品〉說：「應以佛身得度者，觀世音菩薩即現佛身而爲說法。」或許觀音菩薩也會「應以媽祖身得度者，即現媽祖身而爲說法」，助人度過人生苦海。但是我們不能總是等待媽祖或觀音菩薩救助，應該進一步以佛法自救救他、自利利他，成長自己，成就別人，也發願成爲菩薩的好幫手。

Question 25

觀音菩薩住在哪裡？

觀音菩薩是阿彌陀佛的脇侍，也是即將繼承阿彌陀佛佛位的一生補處菩薩，因此觀音菩薩的「根本道場」是在西方極樂世界。但是善財童子曾在南印度的補怛洛迦山（梵語 Potalaka，又稱補陀洛伽山、普陀洛迦山）參訪觀音菩薩，而隨著觀音信仰的傳布，各地也都有觀音的「化現道場」，例如不但有中國的普陀山、西藏的布達拉宮，日本、韓國也都有觀音聖地。

一、印度的補怛洛迦山

觀音菩薩在印度的故鄉爲補怛洛迦山，此說源自《華嚴經．入法界品》，善財童子第二十七參參訪觀世音菩薩，經中提及：「於此南方有山，名補怛洛迦；彼有菩薩，名觀自在。」由於文中提到善財童子南行，後來發展出海國天山、南海觀音等意象。

（王育發　攝）

二、中國的普陀山

觀音菩薩在中國的人間道場爲普陀山，爲佛教四大名山之一。普陀山位於浙江省杭州灣以東，是舟山群島中的一個小島。根據《普陀山志》記載，日僧慧鍔法師自五台山上盜取觀音聖像要回日，結果回程時，經過三天三夜，船始終無法前進，他只好祈禱說：「如聖像與日本衆生無緣，當從所向，弟子隨從所適，建寺供養。」慧鍔法師感悟觀音不肯去日，於是籌資建「不肯去觀音院」，他也成爲普陀山的開山始祖，這是普陀山有佛寺建築之始。

三、西藏的布達拉宮

觀音菩薩在西藏的聖地爲布達拉宮，是由梵文 Potalaka 音譯而來，「布達」正是「普陀」的意思，「拉」是藏語的「山」。布達拉宮坐落於拉薩市中心的紅山上，始建於西元七世紀的吐蕃王朝，由國王松贊干布所建，稱爲「紅山宮」，後來隨著吐蕃王朝的沒落而逐漸毀棄。西元十七世紀時，五世達賴喇嘛於此重新修建了宏偉的宮殿，稱「布達拉宮」，爲西藏政治和宗教的中心。布達拉宮規模龐大，氣勢宏偉，依山勢而建，有「世界屋脊上的明珠」美譽。

四、日本的那智山

日本的普陀山，即爲和歌山縣熊野的那智山，面對廣大的太平洋，環境猶如《華嚴經．入法界品》所說的「補怛洛迦山」。西國三十三觀音靈場巡禮從平安時代開始，也以「那智山青岸渡寺」爲巡禮的第一站。青岸渡寺能位列第一，是因西元九八八年花山法皇發願巡拜觀音，花了三年時間在那智大瀑布前興建圓成寺，並定出西國三十三處觀音靈場。

五、韓國的三十三處與三大觀音聖地

觀音菩薩在韓國的人間道場稱爲聖地，也有三十三處，包括普門寺、曹溪寺、修德寺等等道場，其中的洛山寺、菩提庵，另和海東龍宮寺，同爲聞名的韓國三大觀音聖地，而在韓國也有聖地巡禮的傳統。

由於觀音菩薩的聖地如此衆多，難免有人會好奇觀音菩薩到底住在哪裡？由於觀音菩薩的化現，會因時機因緣的不同，而在不同的地方出現。不妨參考聖嚴法師於《佛教入門》所提供的建議：「他的道場在何處？實在不必追問，只要你修觀音法門，念觀音聖號，觀音菩薩就在你的面前，所以太虛大師曾說：『清淨爲心皆補怛（普陀），慈悲濟物即觀音。』」

Question

26

觀音菩薩的慈悲和智慧有何關係？

觀音菩薩的特質在於「大悲」，而眞正的慈悲，是建立在「無我的智慧」中。如果沒有無我的智慧，就無法布施無限的慈悲，會困於自己的利害得失。由於觀音菩薩能夠放下種種以「自我中心」爲考量的愛憎喜怒、利害得失，以「生命同體」的立場與關懷出發，才能建立平等的慈悲，千處祈求千處現。

慈悲理解，智慧行願

《楞嚴經》提到，觀音菩薩具有與十方諸佛相同的與樂力量（同一慈力），也具備十方一切衆生仰賴拔苦的悲願（同一悲仰），也就是所謂「無緣大慈，同體大悲」。慈悲是經由了解痛苦的本質，進而希望衆生均能免於苦難。

（釋常鐸　攝）

慈悲必須由理解與智慧引導，從深入的理解當中，自然會流露慈悲，而這種能力便是「同理心」。當我們與人發生衝突，應該先設法理解對方，只要深入觀察，便能洞悉對方的痛苦，而不再想懲罰他或讓他受苦，將能如實地接受對方，並試著伸出援手。因此，觀音菩薩的修行讓我們能深入傾聽、觀察，在理解之後生起慈悲，學習菩薩發願，而能以智慧來實踐心願。

唐代澄觀大師在《華嚴經疏》中認為：「平等教化，即是大悲；以同體悲，故云平等。」由此可知，觀音菩薩證得的慈悲不是普通的慈悲，而是平等一味大悲心，不管任何人、任何地方、任何事情，只要向觀音菩薩誠心祈求，都可以得到救濟。

無緣大慈，同體大悲

這樣的大悲平等心懷，正是立基於無我的智慧。如果我們能學習觀音菩薩的大悲平等心懷，開發我們內在本具的觀音菩薩大悲平等心，放下自我中心，給予周遭的人們多一分關懷、同情，並將這份關懷擴大，大至怨親平等、無緣大慈、同體大悲，以平等心看待一切眾生，以平等心幫助一切眾生，不就是觀音菩薩的示現嗎？

Question 27

觀音菩薩和阿彌陀佛有何關係？

觀音菩薩與阿彌陀佛的因緣甚深，《悲華經》記載，觀音菩薩既是阿彌陀佛的脇侍，也是阿彌陀佛的補儲，甚至他們在過去生時，還曾是父子關係。

過去生父子因緣

《悲華經》中，阿彌陀佛與觀音菩薩於名爲善持的劫世，在刪提嵐佛國世界，阿彌陀佛曾位爲無諍念轉輪聖王，無諍念王有十位王子，觀音菩薩那時是他的第一太子，名爲不眴。不眴太子曾發大願行菩薩道，如有衆生受苦需要救護，只要念他名字，若他無法解救他們的苦惱，便不成佛。寶藏佛因此讚歎太子的大悲心，並授記他爲觀世音菩薩。

阿彌陀佛的脇侍與補儲

觀音菩薩之所以住在極樂世界，以阿彌陀佛爲師，輔助教化，也與他的發願有關。不眴太子曾對寶藏佛發願說，願令轉輪聖王能於名爲安樂的世界，成爲無量壽佛（阿彌陀佛），而當無量壽佛涅槃後，將接替他的佛位。安樂國是西方極樂世界的別名，不眴太子如此發願，是爲了讓極樂世界能持續有佛住世，正法得以長住。寶藏佛對不眴太子的發心大感歡喜，授記他將來成爲遍出一切光明功德山王如來。

觀音菩薩在《大悲心陀羅尼經》要求〈大悲咒〉持咒者：「至心稱念，我之名字，亦應專念，我本師阿彌陀如來。」爲何誦〈大悲咒〉時，除了稱念觀音菩薩，還要專念阿彌陀佛呢？因爲阿彌陀佛是觀音菩薩的老師，而觀音菩薩寶冠上的佛像，也正是阿彌陀佛。不眴太子應願成爲阿彌陀佛的脇侍，與另一位脇侍大勢至菩薩，共同成爲阿彌陀佛的得力助手。

（釋果賢　攝）

因此，如果發願往生極樂世界，臨命終時，便會見到阿彌陀佛與觀音、大勢至等諸聖衆菩薩，一起前來接引前往西方淨土。

Question

28

觀音菩薩早已成佛，爲何還稱爲菩薩？

觀音菩薩是倒駕慈航的正法明如來，本來久遠劫前早已成佛，但他爲何又成爲了菩薩呢？這是由佛位退失爲菩薩位嗎？答案絕非如此。正法明如來具有廣大的願力，爲度脫一切的苦難衆生，自願回歸菩薩位，以救苦救難。

不忍衆生苦

如《大悲心陀羅尼經》所說：「此觀世音菩薩，不可思議威神之力，已於過去無量劫中，已作佛竟，號正法明如來。大悲願力，爲欲發起一切菩薩，安樂成熟諸衆生故，現作菩薩。」觀音菩薩的悲心重，本來久遠劫前早已成佛，因不忍衆生苦，所以發悲願心，再示現菩薩身，輔助釋迦牟尼佛與阿彌陀佛度化衆生。

觀音信仰的盛行，也與淨土法門的流傳有關係。觀音菩薩是「西方三聖」之一，介紹西方淨土的經典，都有觀音菩薩，淨土宗第十三代祖師印光大師曾提到，雖然念一句「阿彌陀佛」成佛有餘，但阿彌陀佛度眾生，尚且需要觀音菩薩來輔助，娑婆世界的教主釋迦牟尼佛度眾生，也需要觀音菩薩來輔助，由此可見觀音菩薩的重要。

菩提心的根本為大悲心

行菩薩道，最重要的就是要發菩提心，菩提心的根本爲大悲心，在修學佛道上，大悲心是最重要、最根本的，釋迦牟尼佛也是因爲看到眾生的苦難，爲了解決這些苦難，才發起大悲心修學佛道、演說佛法，所以成佛之道必須依大悲心來修行，沒有大悲心是不可能成佛的，成佛的目的也是爲了度眾生，要有大悲心才能度化眾生，因此不管是上求佛道，還是下化眾生，都要秉持大悲心。

（王育發　攝）

3

學習觀音有方法

Question

29

如何念觀音、求觀音、學觀音、做觀音？

如母親般慈愛溫暖的觀音菩薩，是人們最親切熟悉的大菩薩。大家都知道求觀音、拜觀音，但是如何信仰與修學觀音法門呢？

聖嚴法師於《我願無窮——美好的晚年開示集》的〈念觀音．求觀音．學觀音．做觀音〉一文裡，認爲觀音信仰可分爲四個層次，先從自身念觀音、求觀音做起，進而學觀音，把人人當成觀音，最後做觀音，成爲別人的觀音。

念觀音：觀音信仰的出現

釋迦牟尼佛在世時，建議自信心不夠的人，遇到苦惱、危險可以「六念」面對：念佛、念法、念僧、念天、念戒、念施，但是當時人們只對「念佛」有信心。

當佛入滅後，而人們依然需要佛的救濟時，便有了菩薩信仰。觀音菩薩信仰，正代表著釋迦牟尼佛住世的精神與住世的功能。觀音信仰的出現，主要朝兩大方向發展：一是教導眾生離苦得樂。二是幫助眾生往生阿彌陀佛西方淨土。

求觀音：觀世音是我們的保母

觀世音菩薩就像是我們的保母，他是眾生的救濟者、護持者和平安的守護者，是我們一生都需要的。在我們每一期的生命中，從小到老、由生至死，以至到達西方佛國淨土的過程，觀音菩薩的慈悲是無所不在、無時不在，而且無人不救，這是觀音法門的殊勝。

學觀音：觀音法門的修持

觀音法門是可深可淺，每一個人都可以修持。深者如禪觀《楞嚴經》的「耳根圓通法門」，易者如持誦〈大悲咒〉，皆能助人成就佛道。

《楞嚴經》的「觀音耳根圓通法門」，即是觀音菩薩自己的修行歷程，也是觀音佛教導他的修行方法，他因而悟得「聞熏聞修金剛三昧」，從而能夠「上合十方諸佛，本覺妙心，與佛如來同一慈力，下合十方一切六道眾生，與諸眾生同一悲仰」。除此之外，觀音菩薩的修行方法相當眾多，尚有《法華經．普門品》的持名方法、《大悲心陀羅尼經》持〈大悲咒〉等等方法。這些觀音法門都能使我們的祈願圓滿，遠離一切的恐怖、困難，因此觀音菩薩又稱爲「施無畏者」。

做觀音：行菩薩道是大乘菩薩的精神

修行菩薩道是觀音法門的重點。有心想與觀音菩薩相應，就一定要學習觀音法門，爲自我私事祈求雖然有用，卻不能得解脫，不能成佛道，也不能成爲菩薩道的修行者。如同聖嚴法師所說：「大乘菩薩道的精神是念菩薩，求菩薩，學菩

（李東陽　攝）

薩，做菩薩，這才是修學菩薩道的積極態度。」「只要我們念觀音、信觀音，觀世音菩薩就能成爲我們由生至死，一直到開悟成佛的護佑者；生生世世，觀世音菩薩都是我們的保母。」

聖嚴法師勉勵人要念觀音、求觀音、學觀音、做觀音。觀音菩薩不只三十二種化身，而是有千百億化身，有無量無數的化身和無量無數的手眼，時時處處都能救濟眾生。你、我、他，都可能是觀世音菩薩的化身，只要用觀音法門來幫助人，用平等的慈悲心來對待人，就是觀世音菩薩的化身。

〈普門品〉的「普門」是什麼意思？

「普門」的意義，普是普遍，門是向十方眾生開通無礙，普遍接納眾生。隋代吉藏法師在《法華玄論》中說：「普門謂現一切身，即是法身，爲調伏一切眾生令得解脫，即是解脫也。」普門也是觀音菩薩的德名。

大悲法門，普門示現

觀音菩薩初發心修行時，發廣大誓願，願一切眾生離苦得樂，證得耳根圓通法門後，平等普遍救度眾生，「無苦不救，無生不度」，更依其圓通妙力，觀察眾生種種得度因緣，示現種種形象，在一切法門中都能施展神力，因應有情眾生不同的需要，以大神通力示現種種法門。因此，觀音菩薩的大悲法門，也稱「普門示現」。

（王育發　攝）

眾生平等

「大悲」、「普門」和「平等」，也可說是同義詞，皆表示觀音菩薩攝化衆生無遺，在《華嚴經》稱爲「大悲行門」，《法華經．普門品》則稱爲「普門」。觀音菩薩以徹底平等的心懷，看待一切衆生，即是「大悲」與「普門」的眞實義。

Question 31

如何修持觀音菩薩持名方法？

持名，即口中或心中稱念佛菩薩的名號，爲觀音法門中，最簡單的法門。

〈普門品〉指出恭敬常念觀音菩薩，可遠離煩惱，並得無量福德利益，甚至想要求子，念觀音菩薩聖號，虔誠祈求，便能庇佑如願。以此威神力故，使得持觀音菩薩聖號成爲最容易入手的觀音法門，不論是否爲佛教徒，人們遇到危難時，都會念觀音菩薩聖號，具有發起信心、消災免難的作用。

持名要如何持，才能受用呢？最好要計數，定時定量做功課。藉由時間或次數來計數佛號，不管是念「南無觀世音菩薩」七字或「觀音菩薩」四字，默念或出聲念，只要能讓觀音菩薩聖號入心，當下便能寧靜、安定，有如與觀音菩薩常相左右，念念平安，處處吉祥。

Question 32

如何修持〈大悲咒〉？

華人世界普遍流傳的〈大悲咒〉，出自於《大悲心陀羅尼經》，爲過去九十九億恆河沙諸佛所說，觀音菩薩於千光王靜住如來處聽聞傳授，發誓弘布此咒以利益衆生。虔誠所感，立時應願，具現千手千眼。

聲音感應的法門

咒語本身即包含了菩薩的功德、願力與加持，所依據的是一種「聲音感應的法門」，因此，〈大悲咒〉特別保留了它梵文的原音，修持者僅要循著梵文的發音即可。〈大悲咒〉一共八十四句，四百一十五字，涵蓋觀音菩薩的聖號，以及觀音菩薩與諸佛菩薩不同的面相、智慧、威德與功德。由於它的力量非常強大，靈驗不可思議，因而被稱爲〈大悲神咒〉，歷來持誦得極廣極衆。據說持此神咒，

（李蓉生　攝）

即使是十惡五逆，極惡極重的罪障也能冰消瓦解，一概滌淨。而且持咒「必然滿願」，無論持咒者祈求什麼，從最基底的遠離病難、長壽豐饒，乃至於圓成佛道，無不滿願。

持之以恆地誦持

原本，根據此經的要求，誦持此咒者必須：發廣度眾生的大菩提心；身持齋戒；於諸眾生，起平等心；常誦此咒不斷；住於淨室，沐浴淨衣；供養懸旛、燃燈、香花、各味飲食；制心一處，如法誦持。原本能如法如儀最佳，若是不能，則至少應以恭敬心、專注心持咒。而最重要的是持之以恆地誦持，心誠所至，自然滿願。

Question

33

如何修持〈六字大明咒〉？

〈六字大明咒〉，又名〈六字眞言〉，咒語爲「唵嘛呢叭彌吽」。由於咒語簡短易記，所以不論漢地或藏地，皆廣爲流傳持誦。

觀音菩薩心咒

〈六字大明咒〉出自《佛說大乘莊嚴寶王經》，本咒被尊爲觀音菩薩心咒的原因，是因經中說：「此六字大明陀羅尼，是觀自在菩薩摩訶薩微妙本心，若有知是微妙本心，即知解脫。」本咒是觀音菩薩的微妙本心，一旦明白，便知解脫。由此可知，本咒的珍貴難得。

〈六字大明咒〉不同於他咒，是諸佛尚須辛苦尋求的無上妙法。《佛說大乘

（李蓉生　攝）

莊嚴寶王經》經中記載，除蓋障菩薩請教釋迦牟尼佛從何得到〈六字大明咒〉，他為求本咒願意刺血為墨、剝皮為紙、析骨為筆。

釋迦牟尼佛因而告訴他本咒求之不易，他曾供養無數如來以求咒，但卻連如來也不知所得之處。最後由蓮華上如來處求得，但蓮華上如來學咒的歷程也是極為艱辛，是阿彌陀佛請觀音菩薩將咒語傳給他，才得用以廣度眾生。

慈悲利益六道

因此，〈六字大明咒〉雖然只有短短六個字，但是得之不易，我們有幸學習，當深心牢記。〈六字大明咒〉是觀音菩薩關閉六道生死之門，慈悲利益六道的神咒，應常持誦，並發願同與眾生了脫生死輪迴之苦。

Question

34

如何修持〈白衣大士神咒〉？

〈白衣大士神咒〉不知出於何經，爲何人譯出，相傳爲觀音菩薩於夢中爲某人所教授的修法。由於夢中所示顯的，即是白衣大士像，所以本咒依此命名。

一切災殃化為塵

咒語是：

南無大慈大悲救苦救難廣大靈感觀世音菩薩（三稱三拜）

南無佛、南無法、南無僧、南無救苦救難觀世音菩薩。怛垤哆，唵，伽囉伐哆，伽囉伐哆，伽訶伐哆，囉伽伐哆，囉伽伐哆，娑婆訶。天羅神，地羅神，人離難，難離身，一切災殃化為塵，南無摩訶般若波羅蜜。

（王傳宏　攝）

咒語的「天羅神，地羅神，人離難，難離身，一切災殃化爲塵」文句，雖近似於民間信仰，但其中的皈敬三寶、皈敬觀世音菩薩、皈敬摩訶般若波羅蜜，自古即爲佛教徒日常持誦的內容。

勸人精進向善

此咒相當特別，以持誦一萬二千遍爲一願，一願不成，再持二願乃至多願，必得成就。雖是以求得利益出發，但以一萬二千遍爲一願，也具有勸人精進向善的用意。民國初期，〈白衣大士神咒〉通常印於一張紙上，上有白衣大士像、咒文、六百個小圓圈，以備持誦者每誦二十遍，可點一圓圈計數之用。滿願後，即當印施此咒一千二百張，頗有廣結善緣的目的。

Question

35

如何修持《延命十句觀音經》？

《延命十句觀音經》是《高王觀音經》的精簡本。《高王觀音經》緣起於五代高歡國王時，有一看守庫藏的「寶藏官」孫敬德，犯了重法，囚禁待斬。他在夢境中，夢見一名僧侶，告之以《高王觀音經》。夢醒後他依著指示，一遍遍念著；念至最後，果然災厄消解。為感恩德，他將經文謄抄下來，流布世間。

念念從心起，念念不離心

《高王觀音經》因靈驗而廣為流傳，輾轉傳至劉宋時期，則精簡為《延命十句觀音經》，將原來繁複的經文，精簡為僅有十句，即：

觀世音，南無佛，與佛有因，與佛有緣，佛法相緣，常樂我淨，朝念觀世音，暮念觀世音，念念從心起，念念不離心。

延命的意義

聖嚴法師於《聖嚴法師教觀音法門》一書，認爲「延命」有二種意思：一種是延續一己肉身肉體的生命，另一種則是延續佛法的慧命。這十句經文，包括了「佛、法、僧」，持誦者在念經同時，也就皈依了三寶，成爲虔誠的佛教徒。

因此，念經時不但要不斷持續地念，即使病苦、業障一一消解，身安之後，還要更進一步信佛、學法、敬僧，發願讓佛法慧命永遠流傳。

Question

36

如何修持〈普門品〉？

釋迦牟尼佛於〈普門品〉闡述觀音菩薩的名字由來，以及觀音如何遊化娑婆世界爲衆生說法，並說明觀音爲了救度衆生而普門示現，顯現三十三種不同的身分。強調只要有信心，一心持誦觀世音，一切困難災厄，都能免除。因此，受到大衆普遍的重視、流通和讀誦。

觀音法會共修

〈普門品〉經文簡易，在內容上雖然也符合一般大衆對世間利益的願求，但是一旦對觀音「起信」，相信菩薩的救拔力量，自然會向內凝聚起自我的信心，進而學菩薩、做菩薩，像菩薩的化身一般廣濟有情。

妙法蓮華經觀世音菩薩普門品
爾時無盡意菩薩即從座起偏袒右肩
合掌向佛而作是言世尊觀世音菩薩
以何因緣名觀世音佛告無盡意菩薩

（楊仁惠　攝）

正因如此，許多道場也會舉辦以〈普門品〉爲主要持誦的「觀音法會」。內容主要爲〈楊枝淨水讚〉、〈淨身口意三業眞言〉、〈開經偈〉、〈普門品〉、〈觀音靈感眞言〉、〈大悲咒〉、〈觀音偈〉、拜願、三皈依、迴向。藉由法會共修，衆人梵唄共振的力量，在心中不斷地回響，來學習觀音菩薩慈悲德行，以其慈悲願力，化作陣陣甘露，消除因生活的種種困頓，而起的不安煩惱。

誦經、鈔經與拜經自修定課

而除了法會共修，在家自修也可以〈普門品〉爲日常定課，例如誦經、鈔經與拜經。〈普門品〉的經文親切易懂，但是誦經不只是熟讀經文，更要用以觀察自己的身心，能否受用觀音妙智力調伏煩惱：念彼觀音力，能否咸即起慈心？能否衆怨悉退散？讓恐懼不安的心，能心安平安。至於鈔經對於自修的幫助，除了加強記憶，也能轉化身心與經義契合。「見經即見法，見法即見佛」，鈔經時要生起恭敬心，如同親聞觀音菩薩說法。

拜經的目的，則不在理解佛經內容，而是透過一心稱念、禮拜整部經典，讓身心安定。每禮拜一次，就等同禮拜一切諸佛菩薩、阿羅漢眾及護法龍天，因此拜經時不僅禮敬諸佛菩薩，也禮拜了整部經典內容。

無論誦經、鈔經與拜經，都能幫助我們安頓身心不散亂，體驗〈普門品〉的觀音力，如觀音菩薩慈眼視眾生，善開方便門。

Question

37 如何修持大悲懺？

〈大悲咒〉與《大悲懺》懺本，兩者皆出自《大悲心陀羅尼經》。《大悲懺》是宋代知禮和尚，根據《大悲心陀羅尼經》所發展、編寫、制定出的儀軌。

包含〈大悲咒〉與經典的核心思想

《大悲懺》包含〈大悲咒〉與經典的核心思想，同時，也涵蓋了安置道場、結界、供養、入懺、啓懺，以及懺悔、觀行的種種程序和儀式，現今流通的版本爲清代的讀體律師、寂暹法師所簡化的版本。誦一遍〈大悲咒〉僅需幾分鐘，拜一部《大悲懺》則往往需要兩個鐘頭。

大悲懺這一懺門，是漢地最普遍的拜懺法會。透過梵唄莊嚴的道場、信仰虔

一心代為善吒梵摩瞿婆伽天子護世四
王天龍八部童目天女虛空神
泉源神河沼神藥草
南無大悲觀世音
南無大悲觀世音
南無大悲觀世音
南無大悲觀世音
南無大悲觀世音
願我速度一切眾
願我早得善方便
願我速乘般若船
願我早得越苦海
願我速得戒定道

（江思賢　攝）

穆的信眾，大悲懺能凝聚集體的廣大願力，是一自利利他的共修法門。大悲懺雖屬於懺門，但拜懺的兩個小時中，並不僅僅止於消極的懺悔，也不僅止於個人的消災祈福與現世利益。做為觀音法門，它包含了觀音菩薩的般若智慧，也具有菩薩的慈悲與方便。

懺悔、感恩與發願

修持大悲懺，除了要依靠觀音菩薩的慈悲智慧救度，及〈大悲咒〉的廣大功德消除罪障，此懺的終極意義，仍在於自我內心的洗滌，通過個人內在深刻的懺悔、感恩，從而發起與觀音菩薩的慈悲相契相應的廣大菩提心，以菩薩做為修行典範，並以種種善巧方便、利益，也協助有情開發佛性。

Question 38

如何修持《心經》的照見五蘊皆空法門？

大乘經典中，文字最精鍊、流傳最廣泛闡揚大乘空義的《般若波羅蜜多心經》，講述觀自在菩薩如何修行「般若波羅蜜多」，照見五蘊皆空，一直被視爲觀音修持法門的經典。

誦經時，應當進一步發願自己能體悟觀音菩薩對空性的智慧，用《心經》義理時時照見自我中心、照見五蘊皆空，達到祛除執著，無所求於是無所不得、無所不爲，達到眞正的清淨自在。

照見五蘊皆空

《心經》除了可以持誦，經文開頭的「觀自在菩薩，行深般若波羅蜜多時，

（鄧博仁　攝）

照見五蘊皆空，度一切苦厄」，明白指出《心經》的「照見五蘊皆空法門」，是直契佛智，究竟、解脫、自在的法門。但是要如何「照見五蘊皆空」呢？《聖嚴法師教觀音法門》指出，就是要像觀音菩薩一樣以清明的智慧，逐一觀察、檢視「色、受、想、行、識」五蘊等構成我們生命、宇宙、世界的五個要素，一樣一樣地觀察身心結構中的物質狀態與精神、心理狀態。

首先要觀察生命是由「五蘊」組合、結構而成。只要「五蘊」少一項，生命即不存在。然而，五蘊本身不離於「緣起法則」，是依著時空的因緣不住變化、組合，並沒有自性。因此，生命現象是緣起的，因緣而有，是暫時的，而非永恆的。不只是有形的生命，就算是無形的念頭，甚至是這世界所有的一切也都是一樣是無自性，是空，必須以空慧觀照。觀自在菩薩即以甚深的般若空慧，隨時照見，自身的五蘊所成我是空，眾生的五蘊所成我亦無一不空，亦助眾生照見五蘊皆空，能度一切苦厄。

觀照身心，體會無常

一般人如何將所具有的「色、受、想、行、識，五蘊皆空」的觀念，具體轉化為生命的經驗呢？

透過禪修有系統地訓練，可以依著步驟開始觀照五蘊，隨時觀照身心，體會無常。例如念佛時，觀照身體的覺受，會由強烈而淡化……，逐一淡化身體的存在，只剩下心理的活動。如此，便進一步觀察念佛時的心理活動與反應。觀身體的時候，是觀色蘊；觀心態時，即是觀受、想、行蘊。如此層層觀照，漸漸地，將會發現，對於肉體的執著，僅是一種心理作用。練習把這些執著放下後，便能自在無礙。

Question

39

如何修持《楞嚴經》的耳根圓通法門？

「耳根圓通法門」是一門深細、微密的法門。在《楞嚴經》中，佛陀為了使眾生悟入佛性、空性，邀請二十五位菩薩各自敘說他們「發明心地，悟覺本體」的方法。每一位菩薩依據自我根性的不同，都各自發展、經驗出不同的「圓通法門」。而觀音菩薩的「耳根圓通法門」，證入諸佛智慧、妙覺本體，得到佛陀特別讚許，認為是至為當機，最適合大眾修習的法門。

初步修行音聲法門

要如何修習呢？《聖嚴法師教觀音法門》一書建議，首先應學習基礎的耳根訓練，透過聲音，使心靈安靜、穩定下來。一開始可以借助愉快的聲音，例如森林中的鳥聲、風聲、水聲，幫助身心安定。進一步讓聲音帶著自己忘掉環境，忘掉聲音，甚至忘掉自己，此時心便會漸漸融入聲音中，進入統一的狀態，內外靜寂而安定。

其次則是將耳朵變成吸音板，此時，不要刻意聆聽，讓聲音自然而然傳送與接受，但不主動地尋找聲音，只是被動的，如同吸音板一般——聲音到了板上，聲音就不見了。

大的聲音不要抗拒，小的聲音也不用拚命去追，聽到多少算多少，最重要的，不要給聲音任何「定名」，練習耳朵傾聽，心中不生起情緒，無論是痛苦、憂愁或興奮，都不要有，安定於一種很寧靜的愉悅。

耳根圓通法門

以上是初步修行音聲法門，至於更深入的「耳根圓通法門」，則包含兩個層次，第一個層次，是「觀無聲之聲」。經文中寫道「初於聞中，入流亡所」。就是指從聞所聞的聲音，進一步深入之後，便不再感覺有所聞之境，甚至也放下聽聞聲音的自我，超越一切，便合於諸佛的本心，進入第二個層次「聞所聞盡，盡聞不住」。到此階段就不再向外聽聲音，而是「反聞聞自性」，向內聽聞「自性的聲音」。

自性，是每一個人本有的空性、佛性。由於「自性」無形無體，所以也無聲可聞，「反聞」即是徹底放下耳根，放下一切有形、無形，親聞自性，便能成就無上的佛道。不論是「觀無聲之聲」還是「反聞自性」，都已經進入甚深的境界，如果沒有一定的禪定工夫，是很難達到的，不過，應特別注意的是，修「耳根圓通法門」必須要有老師指導。在嘈雜喧鬧的日常生活裡，隨時練習音聲法門，對於心的安定與自在，將帶來很大的助益。

（釋常鐸　攝）

4

成為觀音千手千眼

Question

40

如何學觀音菩薩慈眼視眾生？

在〈普門品〉裡，我們看到觀音菩薩遊化十方國土，不論眾生的性別、年齡、種族、貧富，也不論有罪、無罪，菩薩總是以寬容、平等的心來接納、回應一切眾生的呼喚。觀音菩薩的慈悲，是不求回饋的施予，是沒有占有欲的關懷，也是怨親平等的救濟，所以能慈眼視眾生。

讓別人做他自己

而在現實生活裡，我們都是用什麼樣的眼光在看待別人呢？是信任、體諒、尊重，還是嫉妒、懷疑、輕蔑，帶著種種成見在打量？我們不但容易習慣性地批評別人，有時可能連布施一個微笑都不容易，不敞開心胸，如何能接納眾生呢？

我們如果常與別人發生衝突對立，其實是因為自己也常與自己內心衝突對立，無

（釋常鐸　攝）

法接受不完美的自己。而當我們願意認知並接納自己的缺點時，就能誠實坦然地活在當下，不批判也不評斷，讓別人做他自己，有他的缺點與掙扎，有他的獨特和才能。如此一來，我們的慈悲心就會增長，而且當我們不再只在意自己，就會有能力回應他人的需求。

沒有心外之物

化解分別對立心的最好方法，就是觀察宇宙萬事萬物互即互入的本質。一如聖嚴法師所說的「慈悲沒有敵人」，敵我是相對的概念，不妨練習觀想「眾生是我心中的觀世音菩薩，我是眾生之中的觀世音菩薩」，一旦認知沒有一樣東西是自己心外之物，好惡的界線就會消失，慈悲心眼自然生起。

Question

41

如何鍛鍊觀音菩薩的施無畏力？

在生活中，給人信心、給人溫暖就是一種「施無畏」。當他人在挫敗失意的時候，讓對方重新鼓起勇氣，繼續往前走，就是給人信心的表現；當他人發生不幸的時候，適時地提供關懷，雪中送炭，就是給人溫暖的行爲，這些都是「施無畏」的表現。

讓人懷抱無窮的希望

舉例來說，當人們遭遇親人往生或重病時，我們可以給予對方關懷，開導他們認識佛教的生死觀，對生離死別建立正信的觀念，或介紹他們認識淨土法門，化解對死亡的恐懼心，並對未來的生命懷抱無窮的希望。

（釋常鐸　攝）

互為彼此的觀音菩薩

另外，現代人容易不耐煩，很難靜下來或慢下來等待別人，或是傾聽別人訴苦，其實有時只要投以一個微笑，或是問候幾句，就能讓人感到溫暖，得到勇氣，這是隨時隨地都可以做到的施無畏。

無論是處身狀似親密卻孤獨的家庭關係，或是熱鬧卻虛幻的社會環境，觀音菩薩悲心與智慧的體現，在這個時代相形之下特別重要，我們需要與別人分享溫暖與力量，互爲彼此的觀音菩薩。

Question

42

如何轉噪音世間音爲妙音觀世音？

我們的日常生活充斥著各種聲音，從四面八方湧入耳朵，往往令人煩躁，甚至引發情緒反應，不妨試著以觀音法門的方法來傾聽衆聲，學習妙音觀世音。

只以耳傾聽，不起任何情緒

不要用耳朵刻意聆聽，讓環境中各式各樣、層出不窮的聲音，自然而然傳送過來，有什麼聲音就是什麼聲音；聲音傳過來便接受它，並不主動地尋找聲音，就只是被動地接受，不起任何情緒。

練習這個法門的重點，就在於只以耳朵傾聽，心中不生起任何情緒，無論是痛苦、憂愁或興奮、激動，甚至連快樂都不要有。如果能不反應，即是一種很寧靜的愉悅。如此一來，於眾聲喧嘩的現實中，我們將是一個善於安頓、自在，而沒有壓力的人。

學觀音用心傾聽

現代社會人際互動的機會增多，溝通產生誤會，往往是因爲聽到之後，反應太快、太多，如果能學習用心傾聽，彼此將能自在溝通。與人互動時，如果聽到與自己無關的聲音，就只是聽到；如果是與自己相關的事，重要的是先用心聽，不要急著判斷，讓自己處在不起反應的狀態，反而能讀到更重要的訊息。

觀音菩薩修持耳根圓通，具足千手千眼，所以能千處祈求千處現，隨時聞聲救眾生於苦難之中，我們可以學習觀音菩薩，從耳根下手，從傾聽開始，找到「手眼」的著力點。

（王育發　攝）

學著聞聲，聽到聲音不急著反應，只是「面對」聲音，繼而「接受」聲音，用心傾聽對方眞正的心意，才能有智慧地「處理」，最後「放下」，這才能開啓慈悲的手眼，眞正關懷身旁的人，帶給他人寧靜與喜樂。

Question
43
職場也能運用觀音的普門精神嗎？

觀音菩薩被稱作「半個亞洲的信仰」，是因爲菩薩廣開方便法「普門示現」。普開一切方便門，讓無量衆生都能進到方便門裡，得到菩薩的救濟，由此可以看出觀音菩薩度衆生的悲切。

工作職場是最容易與大衆結緣處，但是如何才能廣結善緣，而不廣結惡緣呢？畢竟職場裡形形色色的人物都有，不可能滿足所有人的喜好與要求。如果能夠學習以「普門示現」的態度來面對，工作將能左右逢源。

看成是觀音菩薩的示現

一般人面對順緣、逆緣難免會有好惡分別，但是如果能把所有的因緣都視爲觀音菩薩的示現，都視為成就我們的增上緣，那麼所遇到的人可說都是貴人，所遇到的緣可說都是善緣。觀音菩薩攝化衆生的方便是「應以何身得度者，即現何身而為說法」，有人需要順緣來幫助成長，有人需要逆緣才能激發潛能，這就是普門示現，在菩薩的種種示現裡，甚至是無情衆生，都可以看成是菩薩的示現，不管環境如何變化，都看成是菩薩幫助我們的方式。

感恩逆緣幫助成長

聖嚴法師常說，〈普門品〉中觀音菩薩的應化身對他非常受用，他常用這個看法來開導別人，自己也得受用。例如他從日本取得博士學位回國後，最先感謝的是那位阻礙供養他留學的人，法師告訴對方：「我是眞心感謝你，我就是因為沒有錢，才會這麼快拿到博士學位。」最先感謝的是障礙他的人，這也說明了為何聖嚴法師一生始終意志力堅強，就是因為遇到的逆境打擊太多，卻能心存感恩，接受逆緣，練就了他堅強的意志力。

因此，如果能以普門示現的態度來面對工作，哪一個人不是成就我們的貴人呢？如此便能感恩人人是貴人，感謝日日是好日。

Question

44

學習觀音菩薩的慈悲，要忍氣吞聲不生氣嗎？

有的人以爲學習觀音菩薩的慈悲，就是要無條件逆來順受，對人對事都要包容，不能生氣。這樣其實並非眞正的慈悲，只是在勉強壓抑情緒，所以我們不應忍氣吞聲，要做個有智慧、有悲心的人。

真正的柔軟

我們需要學習觀音菩薩的慈悲，正是因爲不夠柔軟，不懂得調心方法，不是對人發脾氣，就是自己生悶氣，結果兩敗俱傷。

所謂的「柔軟心」，是不自我中心，不在人際間架設心防，心胸全然敞開。因此，佛法所說的「無心」，事實上就是最徹底的柔軟心，也才能成就眞正的慈

（李蓉生　攝）

悲心。眞正柔軟的人，就如觀音菩薩一樣，只有一個方向，就是幫助所有衆生得到利益。因此，爲了讓衆生得利益，我們要調柔自己，隨著衆生的因緣而改變自己，然而千變萬變，也不改變原有的方向與目標，這樣才是眞正的柔軟。

千變萬變，方向不變

如果變化到迷失方向、喪失原則，那不是眞正的柔軟，而是人云亦云、隨波逐流了。因此，慈悲也不會是軟弱，能夠以智慧判斷方向與原則，懂得觀察因緣彈性調整，而能以柔克剛。

如何實踐這種柔軟的堅強呢？待人要寬容、溫和，縱然別人的態度尖銳無禮，先暫時包容，不以牙還牙，善盡自己一切的努力，等待因緣轉變，這樣能同時保護自己和保護對方。

Question

45

早晚一杯大悲水，能讓修行功力加倍嗎？

由於大悲水有種種靈驗說法，可用於治病、灑淨、祈福等等，所以有的人會誤以為如果每日飲用，應可以得到觀音菩薩的神力加持，讓自己頓悟開智慧，修行進步神速。

〈大悲咒〉的力量來源

大悲水之所以名為大悲水，是因為持誦〈大悲咒〉，而〈大悲咒〉的力量，除來自觀音菩薩的度眾誓願，也需要持咒者的一心專念，才能感應道交。

在《大悲心陀羅尼經》裡，觀音菩薩開示〈大悲咒〉十心，指出修心的要領為：「大慈悲心是，平等心是，無為心是，無染著心是，空觀心是，恭敬心是，

（釋常鐸　攝）

卑下心是，無雜亂心，無見取心是，無上菩提心是。當知如是等心，即是陀羅尼相貌。汝當依此而修行之。」

一心用功，心淨如水

能以如此的心力來持咒，修行何愁不進步？即使無法十心兼備，如果一心用功，自能心淨如水，轉煩惱爲智慧。修行定課只要持之以恆，生命一定能日新又新，不斷成長。

Question

46 面對危難，如何運用觀音法門自安安人？

無論是遇到地震、火災、水災逃難，或是戰爭動亂、經濟恐慌危難，最需要先安定下來的，是我們自己的心，當我們的心安定了，就能夠冷靜判斷求生方法，並且也讓身旁的人感到安定不害怕。

一心念觀音，心安就有平安

因此，聖嚴法師勉勵人說：「心安就有平安，用智慧處理事，以慈悲關懷人，就能心安。遇到危難的時候，只要臨危心不亂，就能夠因禍而得福。」

而在急難中，最容易讓人立即安心的方法，就是念誦觀音菩薩的聖號，祈請觀音菩薩。一心念誦觀音菩薩的聖號時，因爲心念專注，所以能減少恐慌不安感，會有安全感、慈悲心，以及相信觀音菩薩的信心。

方法簡單，人人受用

稱念聖號的方法簡單，人人都能受用。除自己可爲人稱念祝福，也可邀請求助者一起念誦，擴大平安的安定力量。

因此，遇到任何的危險意外時，不要慌亂、恐懼，心要鎮靜、安定，該如何處理就如何處理，稱念觀音菩薩的聖號，幫助自己安心，也讓他人同感安定。

Question 47

如何運用觀音智慧化解感情煩惱？

佛教稱衆生爲「有情」，所謂的有情就是指「有感情」。人類的感情包括家人的親情、朋友的友情、男女的愛情等，只要是生而爲人，都一定有感情。但是隨著感情而來的，就是剪不斷、理還亂的種種煩惱。因此，佛教以慈悲觀來淨化與昇華感情。

菩薩覺有情

修行佛法的目的，正是幫助我們將感情昇華，從「有情」變成「覺有情」。所謂的「覺有情」，就是菩薩，菩薩的梵文全譯是「菩提薩埵（Bodhisattva）」，「菩提」有覺悟、覺醒的意思，而「薩埵」的意思就是有情，指的是有情衆生。所以，菩薩是「已經覺悟的有情衆生」，而且不僅自己覺悟，同時還幫助其他

（釋常鐸　攝）

有情眾生一起覺醒。

觀音菩薩的慈悲容顏，特別容易成爲女性傾訴心聲的對象。雖然菩薩的慈悲柔美，能撫慰人心，但如果我們只求一時的安慰，卻不求根本的解決，如此會像拒絕長大的孩子，一直依靠著父母，而不願獨立。

不再為情所困

與其常常向觀音菩薩訴苦，何不試著用觀音法門幫助自己心開意解？只要運用觀音法門，不論是持誦聖號、咒語、觀音菩薩相關經典，或是練習聞聲音法，都能暫時止息煩惱，但是我們還需要培養觀音智慧力，才能度一切苦厄。

《心經》是觀音菩薩的智慧妙法，當我們願意開始更進一步用佛法觀照、理解自己的身心感情世界，明白我們的心是如何運作的，爲何喜愛迷戀？爲何嫉妒生氣？就能明白修行為何就是修心，為何要出離煩惱輪迴。如此，將可以不再為情所困，而能覺有情、觀自在。

Question

48

如何善用觀音妙智面對世間苦？

《心經》有一句話：「照見五蘊皆空，度一切苦厄。」如果我們可以眞正體會到《心經》的智慧，就能如觀自在菩薩一樣，不爲世間種種煩惱所困。

聖嚴法師曾說過，一心念《心經》就能夠「人離難，難離身，一切災殃化爲塵」。但是，《心經》的能除一切苦，是以修持般若智慧爲前提，如果念經的人未徹底了悟空義，災難也只是暫時離開，難保以後不會再來。

破除我執，實證空性

大乘佛教的菩薩道修行法，以六波羅蜜爲主，分別是布施、持戒、忍辱、精進、禪定、般若等六種修行方法。六波羅蜜都必須靠最後一項的般若智慧來做正確指導，有了超越世間一切的空的智慧，徹底清除內心中的各種障礙，才能面對世間的苦難煩惱，才能在修行的道路上有所成長。

整部《心經》的要義，即在以般若破除我執、照見五蘊皆空，若實證空性，便能以深廣智慧超越一切煩惱障礙，所作皆辦，如果能如此實踐，則「般若波羅蜜多」本身就能是爲一種咒語，能除一切苦，眞實不虛。

遠離顛倒夢想

雖然我們面對世間問題時，一時之間很難以《心經》智慧超越苦厄，但是如果能牢記幾句《心經》的經文，面對困難時，將能幫助我們安定身心。例如事業失敗、情感失意、身心失衡，面對措手不及的意外，可以試著反覆念誦「心無罣礙，無罣礙故，無有恐怖」，或「照見五蘊皆空，度一切苦厄」，即使只念一句「遠離顛倒夢想」，也能讓我們因此而豁然開朗。

（釋常鐸　攝）

所謂的般若波羅蜜多，就是佛法教導衆生解除苦厄的藥方，但經中所說的「度一切苦厄」、「除一切苦」，眞正的關鍵還是要透過自我身心的改變，即明白萬事萬物都在因緣和合、消散的過程中流轉變化，才能眞正觀世自在。

Question

49

只要做好事就是觀音菩薩的化身？

常做好事廣種福田的人，確實是觀音菩薩的好幫手。如同人們常以「菩薩心腸」，形容做善事的人，就像菩薩一樣慈悲。

財施、法施、無畏施

但是觀音菩薩助人的方式，不僅僅是做善事。佛教的布施有三種：財施、法施、無畏施。布施財物珍寶，或救人於危難，都能幫助人度過難關，但是這些都只是一時方便，讓人暫時消災免難，但是要解脫生死，才能眞正不再受苦。

觀音菩薩用佛法救度眾生，讓眾生脫離生死的怖畏，這是一勞永逸而徹底的救濟。因此，觀音菩薩的救度，不是解決一時的問題，而是根本的斷除生死根。

（釋常鐸　攝）

我們看觀音菩薩的種種化身故事時，如果只讚歎菩薩的大慈大悲，只敬佩菩薩的廣大靈感，而沒有聽見觀音菩薩如何喚醒我們不再做生死大夢，或是看見他如何以佛法救苦救難卻始終觀自在，故事終究還是故事，無法激發我們學菩薩、做菩薩的願心。

發願學做菩薩

當我們幫助別人時，不妨想想如果是觀音菩薩來救度的話，除了布施財物、治療疾病等外在苦難，他如何以佛法觀世音，幫助人們化解心裡的苦？而當我們想求助於觀音菩薩時，也不妨想想能不能用佛法讓自己觀自在？

觀音菩薩的法器如此千變萬化，我們日常生活的電腦、電話、汽車……，只要能發揮弘法的功能，不也都是我們修行的法器？但是這些能不能成爲法器，關鍵還是在於我們願不願學菩薩、做菩薩。

Question

50

如何學觀音菩薩聞聲救苦，觀世自在？

爲何觀音菩薩可以聞聲救苦，隨時隨地處處示現，而我們發願後卻一樣處處受限，有心無力呢？

得自在力

觀音菩薩之所以能名爲觀自在菩薩，是因他從智慧與慈悲的願力而得自在。有些人發了願心卻做不到，心有餘而力不足，是因爲培養的福德與智慧還不夠。所謂的福德即是慈悲，多發慈悲心、多助人，福德就能日漸增長。福德力必須配合智慧，智慧是用正確的方法和觀念處理問題。有了大悲願力，就能產生大慈悲力，而得大自在。

聖嚴法師勉勵人說，當我們不得自在，心想事不成，變成了夢想顛倒，不論是身體、家庭、事業、心理遇到阻礙，都要念觀音菩薩。觀音菩薩能夠幫助我們得自在，即使不能得大自在，也可以得小自在。要得自在，一定要培養大智慧、大慈悲的心；以慈悲心待人，以智慧心處理事，漸漸地就能心想事成了。

慈悲沒有敵人，智慧不起煩惱

我們雖然發願學習觀音菩薩，卻不容易聞聲救苦、觀世自在，有一個根本原因是：自己不自在，待人也不自在。如此一來，遇到討厭的人會視而不見，面對別人的苦難會充耳不聞，因爲自己也在內心的苦海載浮載沉……，如何能做度人舟呢？

一切不自在，都是來自執著自我。每個人都需要經過藉事鍊心、藉人修佛，沒有煩惱就鍛鍊不出智慧，沒有敵人就鍛鍊不出慈悲，過程沒有成敗好壞，只有

（梁忠楠　攝）

日漸成熟的人間菩薩。面對未知的種種歷練，不妨讓聖嚴法師的法語成為守護我們身心的座右銘：「慈悲沒有敵人，智慧不起煩惱。」

當我們能學習觀音菩薩的慈悲精神，放下私心，擴大心量包容所有的人，把世間萬物與生命，都視為自己的一部分，萬物一體，則無論身處何處都將能自由自在。

如果自己能從念觀音、求觀音開始，進而學觀音，把人人當成觀音，最後做觀音，成為別人的觀音，大家都如此發願、行願，我們的世界便會擁有觀音菩薩的千百億化身。讓我們時時在心中向觀音菩薩祈願，發願以慈悲之眼觀照世間，向需要幫助的眾生伸出援手，成為觀音菩薩的手眼，成為別人生命中的觀音菩薩，人間淨土自然現前。

學佛入門Q&A 18

觀音菩薩50問

50 Questions about Guanyin (Avalokiteśvara) Bodhisattva

編著	法鼓文化編輯部
攝影	王育發、王傳宏、江思賢、李東陽、李蓉生、陳漢傑、梁忠楠、張繼高、楊仁惠、廖順得、鄧博仁、釋果賢、釋常鐸
出版	法鼓文化
總監	釋果賢
總編輯	陳重光
編輯	張晴
美術設計	和悅創意設計有限公司
地址	臺北市北投區公館路186號5樓
電話	(02)2893-4646
傳真	(02)2896-0731
網址	http://www.ddc.com.tw
E-mail	market@ddc.com.tw
讀者服務專線	(02)2896-1600
初版一刷	2018年11月
初版三刷	2024年8月
建議售價	新臺幣180元
郵撥帳號	50013371
戶名	財團法人法鼓山文教基金會—法鼓文化
北美經銷處	紐約東初禪寺 Chan Meditation Center (New York, USA) Tel: (718)592-6593 E-mail: chancenter@gmail.com

法鼓文化

國家圖書館出版品預行編目資料

觀音菩薩50問 / 法鼓文化編輯部編著. -- 初版.
-- 臺北市 : 法鼓文化, 2018.11
面； 公分
ISBN 978-957-598-792-3（平裝）

1.觀世音菩薩 2.佛教修持

225.82 107015960